ANTIQUITÉS

TROUVÉES EN GRÈCE

Vente, le Samedi 29 Juin 1895

Catalogue orné de 12 planches.

PRIX : 6 FR.

ANTIQUITÉS

TROUVÉES EN GRÈCE

Vases peints, Terres cuites de Tanagra, Bronzes, Poids grecs, Marbres, Broderies byzantines.

VENTE AUX ENCHÈRES PUBLIQUES

A L'HÔTEL DES COMMISSAIRES-PRISEURS, RUE DROUOT, 9

Salle n° 8

Le Samedi 29 Juin 1895

à 2 heures précises.

EXPOSITION PUBLIQUE LE JOUR DE LA VENTE
de 1 heure à 2 heures.

Commissaire-Priseur :	*Experts :*
Mᵉ Maurice DELESTRE	MM. ROLLIN ET FEUARDENT
27, RUE DROUOT	4, RUE DE LOUVOIS
	et à Londres, 6, Bloomsbury Street

CONDITIONS DE LA VENTE

Elle sera faite au comptant.

Les acquéreurs payeront cinq pour cent en sus des enchères, applicables aux frais.

Les experts chargés de la vente rempliront les commissions des personnes qui ne pourraient y assister.

Les lots pourront être réunis ou divisés au gré des experts.

ANTIQUITÉS

TROUVÉES EN GRÈCE

I. — POTERIE

1. Vase façonné en tête de femme (art attique de la première moitié du ve siècle). Le visage est peint en rouge orangé, rehaussé de blanc et de noir ; les cheveux ont une teinte brune, sur laquelle se détache une couronne de fleurs (blanc et pourpre) ; les contours des yeux, les oreilles et les bouclettes qui encadrent le visage sont finement gravés à la pointe. Deux petites anses accostent le goulot qui a la forme d'un entonnoir.

Haut. 0,108.

2. Lécythe en forme de pied ; terre pâle avec quelques touches de peinture noire. C'est un pied gauche, chaussé d'une sandale. Anse plate et coudée, ornée d'une palmette. — Thèbes.

Long. 0,09.

3. Balsamaire. Dessin au trait noir sur fond blanc. Au centre, un bassin portant l'inscription KA[L]OS ; de chaque côté, une femme nue qui y trempe la main. Ces femmes sont coiffées de bandelettes, et celle de droite tient une draperie enroulée. — Attique ; style du ve siècle.

Haut. 0,17.

4. Balsamaire à figures rouges sur fond noir. Sujet : Femme drapée, debout à g. et semblant parler à une femme qui vient à sa rencontre ; derrière celle-ci, un adolescent. Sur le rebord du goulot, une légende circulaire (noir sur terre pâle) : EIOSEL : c'est le mot ἐποίησε dégénéré. — Attique, ve siècle.

Haut. 0,12.

5. Lécythe blanc trouvé à Eretria. — Stèle sépulcrale élevée sur deux marches, couronnée de volutes et d'une feuille d'acanthe, et parée d'une ténie verte ; à g., une jeune fille apportant un plateau qui est chargé de quatre bandelettes ; à dr., un éphèbe drapé dans sa chlamyde et armé d'une lance et d'un bouclier. Trait bistré, très fin.

Haut. 0,35.

6. Grand lécythe à figures rouges sur fond noir,

trouvé à Eretria. — Stèle, dont le chapiteau ionique est surmonté d'une palmette. Trois ténies (blanc et pourpre) y sont suspendues. A g., un homme barbu, le bâton sous l'aisselle, le chapeau sur la nuque, et devant lui, un bouclier rond, appuyé contre la stèle ; à dr., un autre homme barbu, tenant un long bâton.

Le tube du goulot est obstrué intérieurement par un petit récipient ovoïde.

Haut. 0,50.

7. Hydrie attique ; figures rouges sur fond brun. — Sujet : une scène de gynécée. Une femme, assise à g., prend un coffret qui lui est présenté par une servante, debout devant elle et tenant un miroir. Derrière la chaise, une autre servante, qui semble déployer un ruban. — Trouvée à Soteraki, au nord-ouest d'Athènes, en 1867.

Haut. 0,32.

8. Amphore ; figures rouges sur fond brun. — Sur la face principale, Silène debout à g. devant une Bacchante qui tient un thyrse et un canthare. Au revers, deux éphèbes drapés. Dans le haut, une frise de palmettes couchées. — Trouvée à Mégare, en 1865, dans un sarcophage.

Haut. 0,30.

9. Cratère béotien; figures rouges à rehauts blancs, fond noir. — Entre deux femmes drapées, dont l'une court vers la droite, un Amour adolescent (peint en blanc) plane dans l'air en jouant du tambourin. Au revers, deux éphèbes drapés.

> Haut. 0,246.

10. Petite chytra en forme de figurine. Sujet : une femme, tournée vers le spectateur, mais courant vers la gauche, enveloppée d'un himation que l'air agite et soulève. Sa main droite, portée au menton, saisit l'himation, qui sert de voile et couvre le bas du visage. Sept feuilles de lierre sont piquées sur le voile et produisent l'effet d'une couronne radiée. Trouvée à Salamine.

> Haut. 0,16. — Terre pâle, embouchure tréflée, revers peint en brun.

11. Petit lécythe orné, sur le devant, d'une figurine en relief. Le relief représente un enfant vêtu d'un chiton transparent, le bras gauche accoudé sur une colonnette, la main droite abaissée et tenant un petit vase. Cheveux bouclés, bras nus. — Trouvé au Pirée.

> Haut 0,10. — Le revers et l'anse sont peints en brun; la partie plastique est en terre jaune et porte des traces d'engobe.

II. — TERRES CUITES

12. Boulangère devant son pétrin; petite terre cuite très ancienne. Le bas du corps ne forme qu'une tige cylindrique et le pétrin est installé sur une colonnette. La femme se penche en avant, et de ses deux mains (le bras gauche manque) manie un outil pour aplatir et égaliser la pâte. — Tanagra.

    Haut. 0,07. — Couverte brune, base plate.

13. Grand bas-relief estampé et découpé, d'ancien style, trouvé au Pirée. Il représente la scène qu'on appelle communément « Rencontre d'Oreste et d'Electre au tombeau d'Agamemnon ». Electre, en deuil, est assise sur les marches d'une stèle couronnée d'une palmette, et derrière elle, on voit deux femmes, dont l'une porte une hydrie sur sa tête et à la main droite un plateau de fruits. En face d'Electre, un adolescent, coiffé du bonnet conique, la jambe droite appuyée sur le tombeau, se penche vers la jeune fille et semble vouloir la consoler. Plus loin, un homme barbu, conduisant un cheval; puis un éphèbe nu. La conservation de cette pièce est excellente, et

de nombreuses traces de couleur y sont visibles. Elle a une certaine importance, car la femme qui porte l'hydrie (la *choëphore*) ne figure pas sur les rares exemplaires déjà connus.

Planche 1.

Haut. 0,24. Larg. 0,35.

14. Deux figures et de nombreux fragments provenant de bas-reliefs semblables, également trouvés au Pirée. Elles représentent des éphèbes chargés de fardeaux.

Haut. 0,15 et 0,11.

15. Vénus assise sur un dauphin, le bras gauche appuyé sur le dos de sa monture, la main droite levée et retenant la draperie qui se déploie derrière elle, formant un nimbe de grandes proportions. La déesse est de face, à peu près nue, son manteau ne couvrant que la jambe gauche ; sa tête se tourne légèrement vers la droite, où un petit Amour, vu de dos, s'appuie contre son épaule. Les cheveux de Vénus, peints en rouge brique, sont parés d'un diadème et retombent épars sur la nuque. Le dauphin est colorié en gris, les ailes de l'Amour sont bleues, le manteau est de couleur rose tendre.

Haut-relief estampé et découpé. Au revers,

une pièce demi-circulaire saillante et percée d'un trou de suspension.

Planche 2.

Haut. 0,225.

16. Grande statuette de Tanagra, représentant une femme drapée, debout et arrêtée dans sa marche, la jambe droite retirée en arrière. Le buste et les bras sont serrés dans un manteau ; le bras gauche s'appuie sur la hanche, l'autre se replie sur la poitrine ; une bandelette entoure les cheveux. — Beau style.

Haut. 0,28. — Base plate.

17. Jeune fille drapée, debout, la jambe droite fléchie, les bras cachés sous le manteau. Son bras gauche se pose sur la hanche, sa main droite relève la draperie qui porte des traces de coloration bleue. — Trouvée à Corinthe.

Haut. 0,285. — Base ronde et moulurée (cassée).

18. Homme nu (Philoctète?), accroupi et appuyant ses deux mains sur le sol. Il porte une longue barbe inculte. — Anthédon.

Haut. 0.08.

19. Jeune Tanagréenne, debout, la tête baissée, les bras ramenés horizontalement sur le devant du corps et cachés sous la draperie. Les plis

du chiton et du manteau sont à arêtes vives et d'un très beau dessin. Base carrée et moulurée.

Haut. 0,18.

20. Adolescent drapé dans sa chlamyde et assis, à g., sur un rocher. Son bras gauche, caché sous la draperie, s'appuie sur le siège, sa main droite repose sur la jambe. — Tanagra.

Haut. 0,13. — Base plate.

21. Grande figurine de Tanagra, représentant une jeune fille assise, à g., sur un rocher et se mirant dans un miroir qu'elle tient à la main gauche pendant que sa main droite se lève pour ajuster la coiffure. Le haut du corps est à découvert, les jambes sont croisées et couvertes d'un manteau rose tendre, les pieds chaussés de souliers blancs à semelles rouges. Très beau style, traces de dorure sur les boucles d'oreilles.

Planche 3.

Haut. 0,23. Ton de chair, le miroir peint en rouge et en bleu. — Base plate.

22. Amour adolescent, debout et de face, le bras gauche posé sur un Terme. Le devant du corps à découvert, il tient à la main gauche un strigile,

et son bras droit s'appuie sur la hanche. Une chlamyde rose tendre lui sert de voile. Le corps est d'un très beau modelé, mais l'une des ailes manque.

Haut. 0,20. — Base quadrilatère.

23. Femme tanagréenne, accoudée sur un cippe et tenant un rouleau (de papyrus) qu'elle regarde. Jambes croisées, bras droit caché sous la draperie et posé sur la hanche.

Haut. 0,20. — Base plate.

24. Satyre adolescent (*Ampelos* ou *Staphylos*), s'avançant à grands pas vers le spectateur, le bras droit étendu, l'autre replié. Il n'a pas d'*hippouris*; sur sa poitrine s'étale un cep de vigne, chargé de pampres et de grappes de raisin. C'est un sujet extrêmement rare. — Myrina.

Planche 4.
Haut. 0,286.

25. Femme corinthienne à la promenade. Elle se dirige vers la droite, la tête penchée; son chiton forme comme une traîne, son buste est serré dans un himation qui fait office de voile et couvre le menton. Ses bras sont cachés sous la draperie, l'un, le bras droit, ramené sur le devant, l'autre replié et levé.

Haut. 0,23. — Base ovale et moulurée.

26. Déesse drapée, debout, les mains abaissées symétriquement et relevant l'himation. Longs cheveux bouclés ; sur la tête, un boisseau (brisé). — Tégée.
Haut. 0,17.

27. Ephèbe debout, le bras gauche posé sur un cippe. Il est vêtu d'une chlamyde et coiffé d'une couronne funéraire. — Tanagra.
Haut. 0,18. — Base carrée, à deux degrés.

28. Petit garçon assis par terre, sur son manteau, et jouant avec un oiseau. Il est nu, mais coiffé d'un bonnet conique. — Tanagra.
Haut. 0,09. — Base oblongue.

29. Déesse d'ancien style, applique trouvée à Mycènes. Elle est vêtue d'un peplos qui laisse à découvert la mamelle gauche et qu'elle relève de la main gauche, tandis que sa droite, ramenée sur la poitrine, tient une fleur. Les bords du peplos forment des plis triangulaires. Cheveux frisés à l'égyptienne ; sur la tête, un diadème élevé. C'est sûrement une copie de quelque sculpture archaïque en bois sculpté.
Haut, 0,15. — Base plate.

30. Femme drapée, en marche, tenant à la main gauche abaissée une longue chytra fusiforme à goulot

tréflé. C'est une figurine de grand style et d'un modelé superbe. Le chiton et le manteau sont en rose tendre avec de larges bordures jaunes. La femme incline légèrement la tête, en la tournant un peu de côté; elle est coiffée d'un bonnet; deux nattes de cheveux retombent sur ses épaules, et son bras droit s'appuie sur la hanche. — Base ronde et moulurée. — Trouvée à Corinthe.

Planche 5.

Haut. 0,30.

31. Petit garçon nu, debout devant un rocher, contre lequel il s'appuie en croisant les jambes. Il porte son manteau sur l'avant-bras gauche. — Ton de chair, de très bonne conservation. — Tanagra.

Haut. 0,122.

32. Femme drapée, debout et arrêtée dans sa marche; sa tête s'incline vers l'épaule gauche, ses bras se dissimulent sous le manteau qui descend jusqu'aux genoux. — Thèbes de Béotie, 1868.

Haut. 0,12.

33. Adolescent debout et accoudé sur une colonnette. Il est coiffé d'une couronne de fleurs, et

ses mains retiennent les deux bouts de sa chlamyde pliée en écharpe. — Tanagra.

<small>Haut. 0,16. — Base carrée, à deux degrés.</small>

34. Femme drapée, de face, la tête inclinée, la jambe gauche fléchie. Son manteau s'arrête aux genoux et couvre les deux bras; ses cheveux forment un corymbe au dessus du front. — Béotie.

<small>Haut. 0,21. — Base carrée, à deux degrés.</small>

35. Vénus nue et diadémée, assise, les bras repliés sur le devant du corps, les pieds chaussés de sandales comme celles dont on se sert dans les bains turcs. Cette jolie figurine a été trouvée à Mylasa de Carie.

<small>Haut. 0,16. — Terre pâle.</small>

36. Grand groupe trouvé à Corinthe en 1879. — Une jeune fille, allant rapidement vers la gauche, porte sur son dos une Victoire drapée, aussi grande qu'elle. Les deux figurines n'ont pour vêtement que le chiton talaire à manches courtes; la Victoire est coiffée d'une couronne.

Planche 6.

<small>Haut. 0,33. — Base ovale moulurée. L'aile droite de la Victoire manque.</small>

37. Femme drapée, debout, tenant à la main gauche

un masque de Bacchus d'ancien style. Bras droit pendant et caché sous le manteau, — Trouvée à Hermione.

Haut. 0,28. — Base plate, trou d'évent triangulaire.

38. Europe assise, de face, sur le taureau nageant. Elle est vêtue d'un chiton talaire ; sa main gauche saisit la corne, l'autre repose sur le dos du taureau. — Béotie.
Haut. 0,15.

39-40. Deux grandes Victoires sans ailes, provenant d'Anthédon. L'une d'elles tient une coupe à la main droite. Traces de dorure et de peinture rose pâle. — Beau style.
Haut. 0,33. — Quelques lésions.

41. Caricature d'Énée portant son père Anchise sur l'épaule. Le vieillard est vêtu d'un chiton à manches longues et a une longue barbe inculte. Il est assis de face, les jambes tenant l'une à l'autre, les bras collés au flanc. Énée est nu, mais casqué et une écharpe est nouée autour de ses reins. Il a des formes athlétiques, trapues, très exagérées, les bras tendus en avant. Son phallus, qui était mobile, manque.
Haut. 0,27.

42. Bas-relief votif, estampé. — Sirène, debout et

de face, tenant au bras gauche une lyre (la *chelys*), et à la droite abaissée le plectrum. — Corinthe.

Haut. 0,18. — Larg. 0,14.

43. Fragment de bas-relief. — Pan, assis à gauche sur un rocher, une peau de bête sur l'épaule, le bras gauche tendu en avant, la barbe longue et pointue. — Trouvé à Athènes en 1883.

Haut. 0,13.

44. Tête d'éphèbe, trouvée à Smyrne.

Haut. 0,034.

45. Tête de femme diadémée. Même provenance.

Haut. 0,06.

46. Pied gauche chaussé d'une sandale. Fragment de figurine. — Tégée.

Long. 0,076.

47. Deux petits colliers de perles en terre dorée, trouvés l'un à Athènes, l'autre à Thisbé. Les perles, pour la plupart, sont ornées de points clos et de lignes perlées, en relief et d'une remarquable finesse de travail. On y a joint un fleuron et trois masques de Méduse provenant de l'Attique, puis cinquante-cinq pendeloques en terre dorée, de Tanagra.

III. — BRONZES

48. Tête de Mercure en demi-grandeur nature et d'un type peu commun. Elle est coiffée d'un pétase ailé qui n'a presque pas de bords. — Trouvée dans une des îles de l'Archipel.

    Haut. 0,15. — Parois très épaisses ; patine noire.

49. Grande figurine de Minerve, vêtue uniquement d'un chiton talaire à plis droits et à double *apoptygma*, les bras symétriquement écartés du corps et s'abaissant. Le devant du casque simule un diadème à volutes. Cette curieuse figurine, en fonte pleine, a été trouvée en Étolie.
    Planche 7.

    Haut. 0,20. — Patine verte, les avant-bras manquent.

50. Grande figurine de Vénus nue, dans l'attitude de la Vénus de Médicis, la tête penchée légèrement et tournée de côté. Le diadème et sa bandelette sont ciselés. Base antique circulaire. — Trouvée à Rhodes.

    Haut. 0,26 et avec la base 0,31. — Patine verte.

51. Minerve drapée, l'égide sur la poitrine, le casque orné d'une couronne de laurier en relief.

Son bras gauche levé s'appuyait sur une lance, sa main droite se porte en avant. — Macédoine.

Haut. 0,08.

52. Minerve coiffée d'un casque corinthien à cimier. C'est un ouvrage grec du ve siècle. Le manteau, qui s'ouvre sur le devant, a les bords triangulaires, le bras droit s'abaisse, l'autre se replie et semble s'être appuyé sur un bouclier, la jambe gauche s'avance un peu sur l'autre. — Athènes.

Haut. 0,112. — Pieds brisés.

53. Figurine de Jupiter assis (la tête et l'avant-bras gauche manquent). Le dieu est vêtu d'un chiton, à manches courtes, et d'un manteau qui couvre les jambes et se rejette sur l'épaule gauche. Sa main gauche tenait un sceptre; ses pieds, chaussés de sandales, s'appuient sur une escabelle. — Smyrne, 1887.

Haut. 0,11. — Patine noire.

54. Adolescent nu, tenant à la main droite avancée un vase à deux anses, le karchesion. — Trouvé à Patras.

Haut. 0,09. — L'avant-bras gauche manque.

55. Vénus nue, les cheveux noués en corymbe. Elle

fait sa toilette, car de sa main droite elle saisit une de ses nattes. — Pheræ de Thessalie.

Haut. 0,09.— La main gauche manque, avec une partie du bras.

56. Très petite figurine d'éphèbe nu, la main droite avancée et tenant un vase (?), l'autre abaissée et perforée. Ancien style. — Athènes.

Haut. 0,067.

57. Vénus de Syrie, nue, parée d'un diadème dentelé, de boucles d'oreilles et d'un collier. Ses deux bras se replient presque symétriquement, et ses mains s'avancent vers le spectateur. La jambe gauche supporte le poids du corps.

Haut. 0,27. — Patine verte.

58. Mercure debout, une bourse à la main droite, la chlamyde sur les épaules. Sa main gauche tenait le caducée.

Haut. 0,09.

59. Petit buste de Minerve, la tête tournée à gauche. Elle porte un casque corinthien et l'égide. — Décor de meuble, trouvé à Séleucie de Cilicie.

Haut. 0,044.

60. Aigle ayant servi de pied de ciste. — Mégare de l'Attique.

Haut. 0,06.

61. Main droite, le pouce et l'index levés, les autres doigts repliés. — Arcadie.

Haut. 0,04.

62. Petit phallus, trouvé dans l'Attique.

Long. 0,044.

63. Masque de Méduse, trouvé à Mardin.

Haut. 0,10.

64. Petite tête de femme, les cheveux divisés par treize raies; autour de l'épi, une tresse disposée en couronne. — Athènes.

Haut. 0,026.

65. Figurine vêtue d'un justaucorps, le bras gauche pendant, la main droite portée à la tempe. — Manche d'outil, de style barbare. — Crète.

Haut. 0,105.

66. Casque archaïque (du vi[e] siècle). — C'est une calotte protégeant à la fois la tête et le col; les œillères sout découpées autour du nasal. Il n'y a d'autre décor qu'une bordure gravée. Sur le garde-joue de gauche, on lit le nom

du guerrier qui avait porté ce casque : **MVPO** (= Μύρου). — Trouvé dans l'Élide.

Haut. 0,22.

67. Casque archaïque de même forme, trouvé en Doride. — La feuille de bronze est moins épaisse et couverte d'une belle patine noire. La bordure est finement godronnée, et au sommet du nasal on a gravé une palmette.

Haut. 0,22.

68. Beau manche de miroir, figurant une Vénus drapée, d'ancien style, et qui tient dans sa main droite, avancée, une colombe. La déesse est vêtue d'un chiton qui descend jusqu'aux talons, et d'un manteau dont les bords forment des plis triangulaires. Son bras gauche s'appuie sur la hanche. — Trouvé à Sicyone.

Planche 8.

Haut. 0,24. — Patine verte.

69. Couvercle d'une boîte à miroir, orné d'une tête de femme, de face, en bronze estampé. — Thespies.

Diam. 0,135. — Restaurations au menton et au nez. Patine verte.

70. Bas-relief de très beau style, ayant pour sujet le groupe d'Amour et Psyché, debout et

s'enlaçant. Tous deux sont placés de face. L'Amour est un éphèbe, sans draperie; sa tête se tourne vers la jeune fille, et pendant que son bras gauche s'abaisse et s'appuie sur un tronc d'arbre (?) recouvert d'une chlamyde, sa main droite joue avec le collier d'argent suspendu au cou de Psyché. Celle-ci a les jambes croisées, le bras gauche sur la hanche, et sa tête se détourne un peu de l'Amour. Elle porte un chiton à manches longues et un manteau ajusté avec infiniment de goût. Feuille de bronze légèrement convexe, estampée et fourrée de plomb. Elle ornait la panse d'une hydrie de bronze, comme celle de Chalki, qui est au Musée britannique. — Trouvée à Anthédon, en 1887.

Haut. 0,16. — Larg. 0,10.

71. Couvercle (de boîte à miroir?). La face externe, un peu bombée, est toute couverte de dessins gravés au burin. On y distingue un grand oiseau, perché à droite sur un arbre, et derrière lui un énorme serpent ailé. Le champ est rempli de points clos et de petits oiseaux au vol. — Trouvé à Aigion.

Diam. 0,147.

72. Manche de patère, cannelé et se terminant en tête de bélier. — Macédoine.

Long. 0,16.

73. Belle anse de situle, terminée d'un côté par un masque de Silène, de grand style; de l'autre, par une tête de lion, transformée en déversoir. — Argolide.
    Larg. 0,18. — Patine noire.

74. Satyre dansant, reproduction moderne de celui du Musée de Naples.
    Haut. 0,47.

IV. — POIDS GRECS

75. Magnifique poids d'Alexandrie de Troade, en bronze fourré de plomb. C'est une épaisse plaque carrée, à bords rabattus, ornée d'un bas-relief qui figure les armes de la ville : un cheval paissant, tourné à g. Au dessus du cheval, on lit **ΑΛΕΞΑΝ** en belles lettres du IIᵉ siècle avant notre ère; dans le champ, un **Π**, et en exergue : le nom de l'agoranome (au génitif) **ΔΙΟΚΛΕΙΟΥΣ**, précédé d'un petit Terme. — Poids : 2589 gr. 60, équivalant à 5 mines.
    Planche 9.

76. Poids en plomb, de la fin du IIᵉ siècle de notre ère. Pièce cintrée, ayant deux encoches cintrées

à sa base. D'un côté : **AYP ONHCIΦOPOY**, au revers **AΓOPANOMOY** en relief.

Planche 10.

77. Statère. Pièce carrée en plomb, avec un osselet en relief. **ƧTA** et **THP** rétrograde. Trouvé au Pirée, 1867.

78. Autre, avec **ƧTAT** aux quatre coins. — Pirée, 1886.

79-80. Autre, avec **ΔEMO**. — Deux exempl. (Pirée, 1879 et Salamine, 1886).

81. Autre. Au dessus de l'osselet : [**Δ**]**EM** ; à sa dr., **Σ** ; dessous, lettres incertaines ; probablement δημόσιον. — Pirée, 1874.

82-84. Poids carré en plomb, au type de l'amphore. Aux angles, **ΔEMO** rétrograde. — Pirée, 1872 ; Attique, 1871 et 1873. — Trois exempl. variés.

85-90. Plomb carré. Amphore entourée des lettres **TPITH**. — Athènes et Pirée. — Six exempl. variés.

91-92. Moitié de la pièce précédente. Demi-amphore, **HMITPI**. — Pirée. Deux pièces variées.

93. La même, avec **HMITPITON** en toutes lettres. Athènes, 1867.

94. La même, avec **ΔEMO** (rétrograde) aux quatre angles. — Pirée, 1887.

95. Quart du type précédent. Quart d'amphore en relief, avec l'anse gauche. **ΔE** (rétrograde) **MO** aux angles.

96. Autre, sans légende.

97-98. Plomb carré au type de la tortue. Aux quatre angles : **TETA**. — Pirée. — Deux exempl.

99. Autre, avec **ΔEMO**.

100. Autre, légende illisible. — Athènes, 1886.

101-102. Moitié du précédent. Demi-tortue et **HMITE**. — Attique. — Deux exempl.

103. Autre, avec **HMITETAPTON**. — Attique.

104. Autre. **ΔHMO** aux quatre angles.

105. Mine. Plomb carré. Dauphin à g. **ΔEMO** rétrograde. — Pirée, 1870.

106. Autre, avec contremarque oblongue : amphore placée sur une colonnette.

107. Plomb carré (mine). Dauphin à g. ; dessus, **MNA**; dessous, **METPO**. — Athènes.

108-109. Autre. Dauphin à dr. ; dans le champ, **MNA**. — Pirée. — Deux exempl.

110. Variante. Dauphin à g. ; dessous, **MNA**.

111. Variante. Dauphin et trident en sautoir ; dessous, **MNA** ; dessus, fleur en contremarque.

112. Double mine. Plomb carré : tête de taureau ; dessous, **ΔΙΜ** ; dessus, **ΝΟΥΝ**, ce qui fait δίμνουν. — Athènes.

113. Grand poids carré en plomb (de quatre mines), ayant pour type une croix pattée, les croisillons d'égale longueur. Dans les cantons, **ΔΕΜΟ**. — Attique.

114-116. Poids marqué d'un croissant ; plomb. — — Athènes. Trois exempl.

117-118. Deux autres, l'un contremarqué, l'autre avec croissant et étoile.

119. Variante. **ΔΕ** (rétrograde) dans le croissant ; à dr., **ΕΞΗΜ** (rétrograde).

120. — avec **ΤΕΤΑΡΤΗ**. — Salamine.

121. Variante avec ΔEMO (?). — Pirée.

122-127. Poids au demi-croissant; plomb. — Athènes. — Six exempl.

128. Variante : demi-croissant et étoile. — Pirée.

129. — demi-croissant et ΟΓΔ[ΟΗ]Μ, pour ὀγδοη-μόριον. — Athènes.

130. — avec ΔΗΜΟ.

131. Poids carré : Petite corne d'abondance; dessus, Τ; dessous, ΑΡ rétrograde (τέταρτον ?).

132-133. Deux grands poids carrés et biseautés, provenant de l'île de Symé. Ils ont pour marque un calice de fleur avec ses folioles (?).

134. Grande plaque carrée, portant les lettres ΔΗ en relief. Plomb. — Trouvée à Kierion (Thessalie).

135. Autre, très épaisse, avec la lettre Δ gravée. — Pirée.

136. Plomb carré portant les chiffres ΔΔΔΗΗΙΙ. — Pirée.

137-148. Série de douze poids divisionnaires, portant des chiffres en relief.

149-159. Onze autres, dont un en bronze, avec des chiffres gravés.

160-166. Sept autres, dont deux en bronze, sans marque de valeur.

167. Grand poids orbiculaire, en plomb, marqué d'un fleuron en relief. Deux bordures, séparées par un entrelacs; globules dans le champ; au revers, [P]OΔOKΛE. — Amorgos.

168. Autre exemplaire, sans l'entrelacs. Au revers, ΦIΔO.... — Amorgos.

169. Autre ; légende illisible.

170. Poids orbiculaire, en plomb, figurant une tortue dans une couronne de laurier. — Égine.

171-174. Quatre poids orbiculaires, plats et sans timbre ni légende. — Iles grecques.

175. Grand poids en pâte de verre, trouvé dans l'Attique, 1870. Il a la forme d'une sphère tronquée, avec une forte nervure médiane. Cercles et rondelles tracés à la meule.

V. — MARBRES

176. Tête d'éphèbe de profil à g., en haut relief. On suppose que cette sculpture, du plus beau style, provient d'une des métopes du Parthénon. — Marbre pentélique.

Planche 11.

Haut. 0,18.

177. Jolie statuette de Vénus anadyomène, trouvée à Athènes. La déesse est nue, et son geste est celui de la Vénus de Médicis. Le type du visage rappelle certains ouvrages du ve siècle ; une bandelette, faisant deux tours, ceint les cheveux, qui sont finement frisés, et le chignon, très long, a la forme d'une queue d'aronde. Une armille entoure le bras gauche. Modelé très beau et surface luisante. — Marbre de Paros.

Haut. 0,37. — Les pieds et l'avant-bras gauche manquent.

178. Tête de femme, de grandeur naturelle, trouvée au Pirée. De beau style, mais très mutilée.

Marbre de Paros. — Haut. 0,25.

179. Vénus drapée, assise, de face, sur un bouc qui court vers la droite. La déesse passe son bras

gauche autour de l'encolure du bouc ; son bras droit, levé, retient un manteau qui est disposé en nimbe et qu'un petit Amour, planant dans l'air, saisit de la main droite.

Bas-relief arrondi, en marbre blanc.

Haut. 0,15. — Larg. 0,17.

VI. — FRESQUE

180. Buste du Sauveur, peint sur brique. On le dit trouvé à Athènes et on l'attribue au xe siècle.

Haut. 0,30. — Larg. 0,14.

VII. — TISSUS BYZANTINS

181. Les trois Mages devant la Vierge à l'enfant et saint Joseph. A g., deux bergers avec leur troupeau ; dans le haut, trois anges adorants, quatre têtes de chérubins et un lis. Bordure florale.

Broderie en or et en soie sur velours rouge, rapportée d'une des îles de l'Archipel.

Long. 1,10. — Larg. 0,55.

182. Le Christ en croix entre sainte Marie et saint Jean Théologue. Au pied de la croix, sous une

colline, le crâne d'Adam; dans le champ, deux anges et deux têtes de chérubins. Aux quatre coins, les bustes des quatre évangélistes, et, dans la bordure, deux séraphins à six ailes. Nombreuses inscriptions grecques; celle qui se lit au bas de la croix donne le nom et le titre du consécrateur.

Or et soie sur soie rouge; douze pierres précieuses (grenats et émeraudes) sont serties dans l'étoffe; une seule, la treizième, manque. — Athènes.

Planche 12.

Haut. 0,30. — Larg. 0,20.

183. Médaillon en or et en soie, serti de perles. Il représente le buste du Sauveur, nimbé, vêtu d'une dalmatique extrêmement riche et levant les deux bras pour bénir. Dans le champ, deux disques avec les sigles $\overline{\text{IC}}$ $\overline{\text{XC}}$. — Athènes.

Diam. 0,13. — La bordure ajourée est seule moderne.

184-185. Deux autres, dont l'un de style assez ancien, en or et en argent.

Diam. 0,11.

Pl. 2

N° 15

Pl. 3

N 21

Pl. 4

N 24

CHÉNE & LONGUET. Imp. Phot

N° 30

Pl. 6

Pl. 7

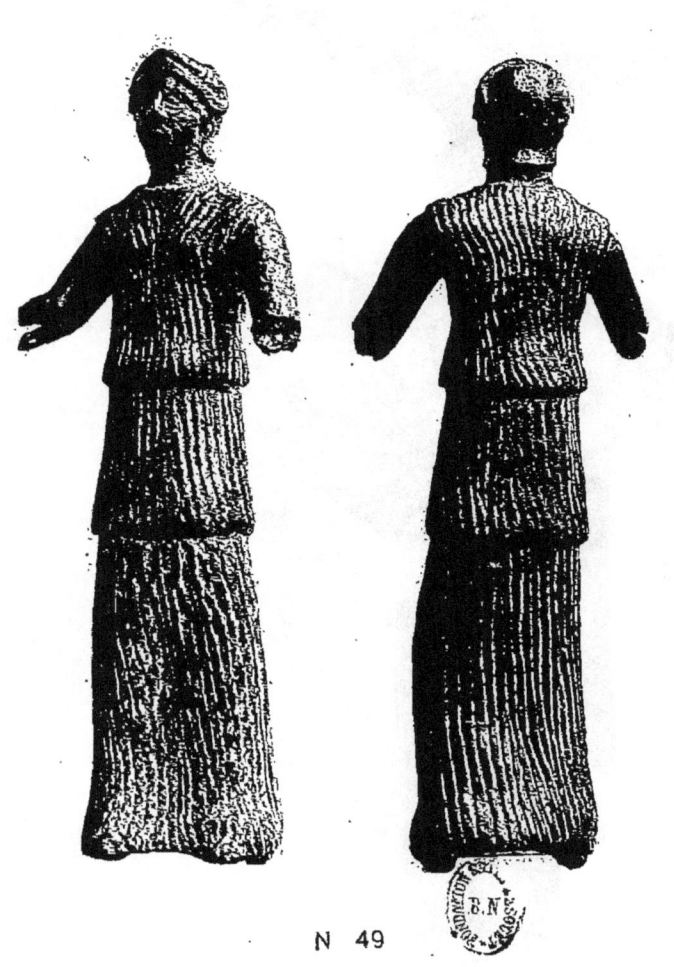

N 49

Pl. 8

N° 68

N 75

Pl. 10

N 76

Nº 176

N 182

Mâcon, Protat frères imprimeurs

www.ingramcontent.com/pod-product-compliance
Lightning Source LLC
Chambersburg PA
CBHW060458050426
42451CB00009B/713